L'ARMÉE ET LE SOCIALISME.

L'ARMÉE

ET

LE SOCIALISME,

SIMPLES RÉFLEXIONS

SUR LA QUESTION DU MOMENT.

Par un Paysan qui a été soldat.

Pro aris et focis.

—

Pro lege et grege.

—

Si le ciel s'écroulait, nous le soutiendrions de nos lances
Vieux dicton gaulois.

—◦—⊰⊱—◦—

PARIS.
MICHEL LÉVY, frères, Libraires-Editeurs, rue Vivienne, 4.

—

CHARTRES.
GARNIER, Imprimeur-Libraire,
Place des Halles, 16 et 17.

1849.

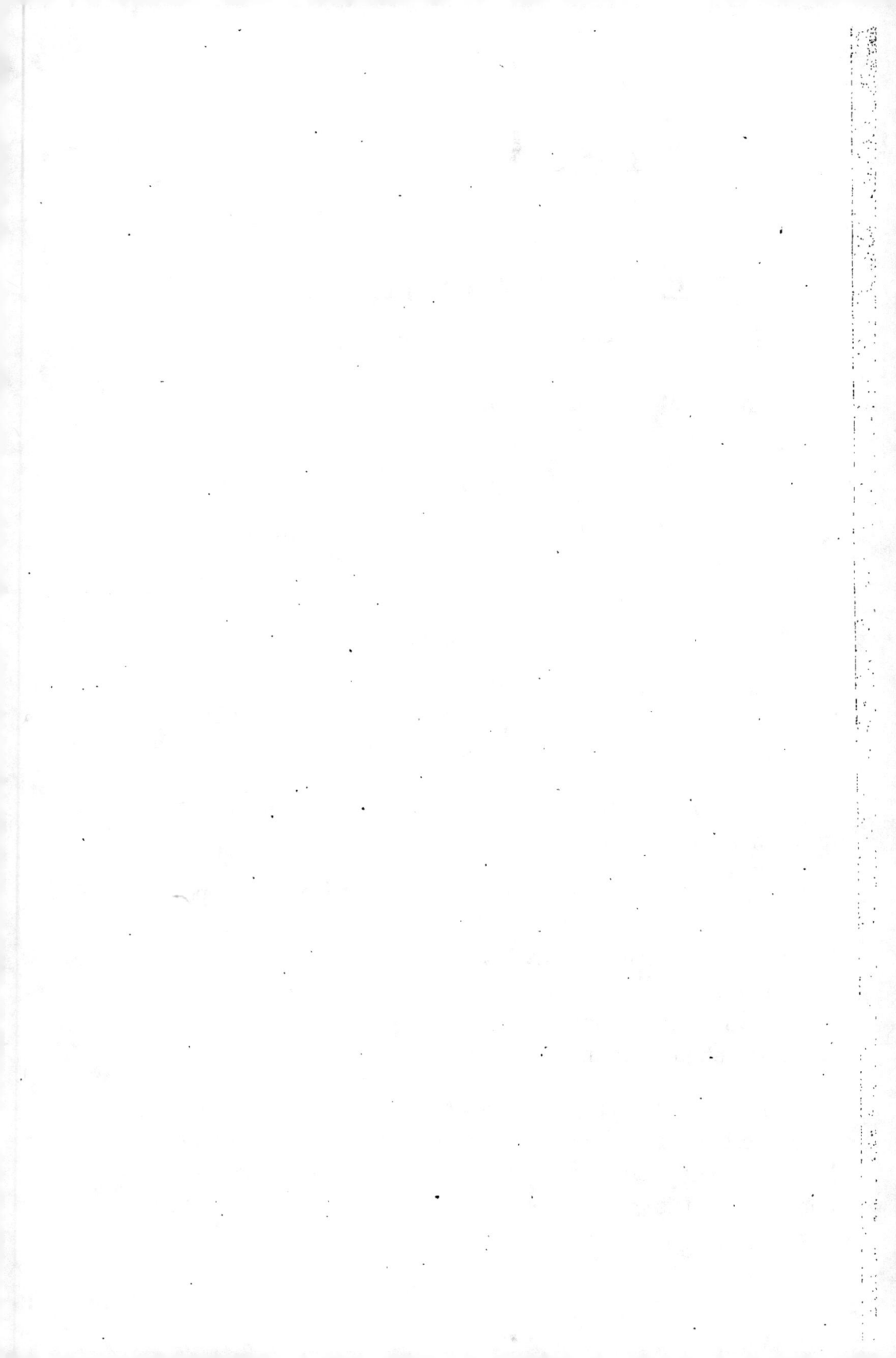

L'ARMÉE

ET

LE SOCIALISME,

SIMPLES RÉFLEXIONS

SUR LA QUESTION DU MOMENT.

> To be, or not to be, that's the question.
> SHAKESPEARE. *Hamlet.*
>
> Être ou ne pas être, — Voilà la question.

I.

La question du moment est, pour la société française, une question de VIE ou de MORT.

Peu de gens en doutent, je pense. — Quant à ceux, en petit nombre, j'espère, qui trouveraient que tout va à merveille, que la confiance est revenue, que le travail a repris son cours ; en un mot, que l'horizon est sans nuages, et que la sécurité nous berce ; ce n'est pas à eux que je m'adresse. — Que le songe leur soit doux, et que l'erreur leur soit légère.

Mais si, en effet, la question actuelle est une question de vie ou de mort ; si chacun, dans le danger commun, dans le péril de la patrie, peut et doit dire ce qu'il croit bon, juste, utile, salutaire, — je fais plus qu'user d'un droit ; — je remplis un devoir.

Tous les yeux sont tournés vers l'armée, devenue, sans résultat possible, — et je dirai pourquoi, — l'objet de tentatives insensées. La France espère en elle. Elle y compte ; mais on ne sait pas bien pourquoi il y faut compter. On ne connaît qu'imparfaitement cette société dans la société, qui vit au milieu d'une civilisation avancée, dont l'intérêt et l'insurrection sont les deux mobiles, et les moyens uniques, dans une frappante et continuelle opposition : — l'Obéissance et la Pauvreté. (1)

Je n'aperçois pas autour de moi qu'on soit frappé de ce contraste, ni qu'on voie comment le salut en doit sortir. C'est là le but de quelques lignes écrites en courant, mais qui suffiront pour indiquer ce qui me semble clair et manifeste, autant que rassurant.

Je ne vois rien que personne ne voie, je ne sais rien que tout le monde ne puisse savoir. Je ne m'imagine donc pas avoir le secret de la solution, ni apporter le dernier mot du destin. Mais les faits se succèdent si rapidement, les enseignements se pressent à tel point, que si l'attention s'en détourne, on en perd la suite. D'ailleurs, de ces faits, de ces enseignements, quel fruit en tire-t-on, si l'on ne conclut pas ? — Je vais tâcher de le faire.

Le fait capital, monstrueux, fatal, de ce temps-ci, c'est l'invasion du Socialisme.

Qu'est-ce que le Socialisme ? C'est la négation de tout principe, de toute règle, de tout frein. — Par conséquent, la des-

---

(1) L'entretien de l'homme de troupe, nourriture, solde, habillement, instruction, équipement, guérison, etc., coûte à l'État 388 fr. 83 c. par an, 1 fr. 05 c. par jour. Il n'y a pas d'homme en France, pas d'enfant qui coûte moins.

truction et l'anéantissement de toute société, de toute civilisation, de tout perfectionnement.

Retenons la définition, nous aurons à y revenir.

C'est là un fait des plus graves assurément, plein de périls et de menaces ; mais qui me semble avoir été mal compris, mal vu, mal jugé, par conséquent mal combattu.

Nous allons dire, en peu de mots, pourquoi.

Nous avons expliqué ce qu'est à notre point de vue, le Socialisme. Ce fait, tout monstrueux qu'il soit, tout effrayant qu'il puisse devenir, n'est pas un fait nouveau dans l'histoire de la vie des peuples. C'est une maladie rare, mais connue, dans l'histoire des Nations, et qui s'attaque de préférence aux sociétés dont la civilisation est avancée. Bien antérieurement à 93, et à Babeuf, on la connaissait. Mais il nous était réservé de la voir se développer avec l'intensité qui nous menace.

C'est dans l'ordre moral et social, ce qu'est le choléra dans l'ordre physique et matériel. — Ce n'est donc pas un fait nouveau.

Mais à mon sens, un fait nouveau, étrange, inquiétant, en est résulté.

Ce fait, c'est la part, et la part sérieuse, faite par des esprits d'élite, mais purement spéculatifs, à ces prétendues doctrines, dont il faut tenir compte, et un compte sérieux sans doute, mais avec lesquelles il est puéril et dangereux d'engager la discussion.

Nous disons puéril et dangereux. — Il suffisait de dire inutile. — Dans les moments de crise, tout ce qui est inutile est périlleux.

M. Thiers a fait un livre intitulé : *De la Propriété;* M. Guizot, un livre : *De la Démocratie en France ;* M. de Barante,
un autre livre : *Questions constitutionnelles.* Je cite les trois
principaux ; il y en a une foule.

Or, c'est à notre sens un des plus étranges résultats des doctrines émises par M. Proudhon, que d'avoir provoqué une réponse sérieuse, approfondie, laborieuse, de M. Thiers ; de
longs chapitres de réfutations, dans le volume de M. Guizot;
des frais de résistance, et des efforts de logique, de la part
d'une foule d'écrivains plus ou moins connus.

De tous les succès qu'a pu valoir à M. Proudhon la publica-
tion de ses doctrines, et la mise au jour de ses théories, celui
auquel il était, j'en suis sûr, le plus loin de s'attendre, c'était
celui-là. — Un livre, un livre sérieux, et de M. Thiers encore.
Un livre qui prend la question *ab ovo,* qui la discute, la re-
tourne et l'examine sous toutes ses faces; qui *prouve* la propriété, se fondant sur ce que le lapin étant propriétaire de son
terrier, l'hirondelle propriétaire de son nid, l'homme, qui est
aussi propriétaire, d'ailleurs, de ses bras et de ses jambes, peut
bien avoir aussi son nid ou son terrier.

M. Guizot, dans son volume, examine aussi d'où vient le
mal qui nous dévore, qui détruit tous les liens, alarme tous les
intérêts, ruine toutes les espérances. — Il réfute dans deux
longs chapitres, il réfute aussi M. Proudhon, et *prouve* aussi
la propriété. Il finit par découvrir au milieu des ruines amoncelées par cet ouragan démagogique, et par cette inondation de
la démocratie, qui s'égare jusqu'au Socialisme, il finit par découvrir que le mal vient, d'où? — De l'excès de Démocratie.
— Lequel excès est causé par *l'affaiblissement de l'esprit de
famille* et *le relâchement de l'esprit religieux.* — Il y a un
siècle et demi que Labruyère écrivait ceci : « Entre dire de

" mauvaises choses, ou en dire de bonnes, que tout le monde
» sait, et les donner pour nouvelles, je donnerais le choix pour
» une épingle.

Dans sa conclusion, où nous avons couru chercher, avec
anxiété, et non sans espoir, le remède qu'il nous promet à ce
mal dont la découverte a dû lui coûter bien des veilles, nous
voyons que ce remède c'est :

Resserrer l'esprit de famille.

Développer l'esprit religieux.

C'est dire à un malade qui fait appeler son médecin pour le
guérir d'une fluxion de poitrine et d'une fièvre cérébrale :
« Mon ami, vous avez une fièvre cérébrale et une fluxion de
» poitrine. »

Mais le remède, docteur, le remède, de grâce, je me meurs.

— Le remède ?.. C'est tout simplement de vous dégager la
tête, et de vous débarrasser la poitrine. Avec cela, beaucoup
de soins et l'aide de Dieu, vous pouvez espérer de vous en tirer.

II.

En vérité, le cœur se serre, et l'esprit s'épouvante quand on
songe combien d'hommes en France, — et je ne dis pas des
hommes ignorants, faibles, ou effrayés, — mais combien d'hommes
réputés habiles, éclairés, confiants, seraient et sont encore disposés, à l'heure qu'il est, à s'incliner devant des oracles de cette
valeur, à courber leur modeste bon sens devant l'autorité de ce
qu'on appelle un homme d'Etat, et à confier le salut incertain

de la Liberté menacée, de la France abattue, de la Patrie agonisante, à des docteurs de cette force là.

C'est là un fait si nouveau, si bizarre, si inquiétant, que M. Proudhon lui-même, j'en suis sûr, l'homme aux faits nouveaux, ne l'avait certainement pas prévu. Et pour peu que cet homme étrange ait de penchant à la gaîté, il doit passer sa vie dans un perpétuel et diabolique accès de rire.

Mais l'extrême démence de ces prétendues doctrines, ne vous dit donc pas d'avance, que toutes vos raisons, tous vos arguments porteront trop bas, et n'arriveront pas au but? Ne vous démontre-t-elle pas la parfaite innocence de vos livres? N'est-il pas, je le répète à dessein, puéril et dangereux, de donner soi-même le funeste exemple de remettre en question ce qui est, et doit rester en dehors, et au-dessus, de toute question?

Les preuves de l'existence de Dieu par la discussion, ont fait plus d'athées que les doctrines matérialistes.

Le caractère distinctif de ce qui est *évident* n'est-il pas précisément de ne pouvoir pas être prouvé? (1)

L'homme à qui on disait de prouver le mouvement, a-t-il fait un livre? Non, il a fait un pas.
Et le mouvement a été prouvé.

On peut bien évaluer, discuter, combattre une affirmation; on ne pèse pas une négation.

---

(1) Rien de ce qui se prouve n'est *évident*. Ce qui est évident, se *montre*, et ne peut pas être prouvé. — *Pensées de Joubert*, tome 1, pag. 154.

Sans m'arrêter d'ailleurs à vous demander, à vous qui vous
constituez les sauveurs et les guides de la Société en péril, si
c'est l'autorité de votre passé, et le souvenir de vos succès, qui
vous donnent ce courage, je vous dirai qu'il y a dans la guerre
de sièges, une loi fatale, invariable, d'infériorité de la défense, en
présence de l'attaque. — Or, vous laissez assiéger la famille et
la Société. Vous laissez approcher l'ennemi à portée de la voix,
sur un terrain où vous ne deviez pas vous rencontrer, et vous
entrez en pourparler avec lui. Vous y devez être, et vous y
serez vaincus.

Faut-il donc, hélas ! faut-il autre chose que le plus vulgaire
bon-sens, pour comprendre que la seule raison à opposer à ces dé-
clamations frénétiques et insensées, c'est l'inébranlable et silen-
cieuse énergie de la raison armée : c'est la muette, impassible
et vigilante résistance du droit sous les armes : cette *ratio
ultima Regum*, enfin, qui appelée autrefois la dernière raison
des Rois, est devenue, aujourd'hui, la dernière raison de la
Liberté même : de la Liberté française, qui disparaîtrait ense-
velie sous les ruines amoncelées de la civilisation occidentale, si
l'armée n'opposait à cette invasion des barbares une résistance
pleine de compassion, de dédain, et de fermeté.

On s'étonne, en vérité, et l'on a droit de s'effrayer, que de
semblables choses soient encore à dire, quand il n'y a pour
s'en convaincre jusqu'à l'évidence, qu'à suivre la direction, et
à mesurer l'énergie de leurs colères. Leur complète indifférence,
ou leur ignorance absolue de ces réfutations, en démontre sur-
abondamment l'innocente puérilité. Le volume de M. Thiers
les a bien peu émus. Celui de M. Guizot ne les a même pas fait rire.
Celui de M. de Barante, malgré son mérite bien supérieur, ou
peut-être à cause de cela même, leur est absolument inconnu.
— Mais ils rugissent, au seul nom du général Cavaignac, ou de
M. de Lamoricière : et leurs poignards s'agitent d'eux-mêmes

dans le fourreau, à la vue du général en chef de l'armée des
Alpes, et du Commandant supérieur de l'armée de Paris.

L'aspect d'un dragon, calme, indifférent, et paisible sur sa
selle, ou d'un grenadier en faction et l'arme au bras, leur donne
des attaques de frénésie.

Quand vous les voyez, sombres et découragés, ajourner,
sans y renoncer, leurs projets contre la société, concentrer leurs
haines et refouler leurs colères ; quand un ordre rapide et obéi,
émané de ce cénacle qui les dirige, de cette monnaie d'Attila
qui les commande ; — les contient et vous sauve, à votre insu,
— croyez-vous qu'ils aient dit : « Nous sommes perdus, démas-
» qués, vaincus ; il ne nous reste plus qu'à désarmer ; M. Thiers
» vient de faire un livre qui nous écrase ; M. Guizot vient de
» publier une brochure. — » Non, ils ont dit : « L'armée est à
» son poste, et la troupe est sous les armes. »

Voyez-vous cet homme simple, ce soldat insoucieux, qui che-
mine le long des quais, un sac de cuir fauve en bandoulière ?
Il porte dans ce sac grossier quatre lignes au crayon, plus
efficaces dans la crise suprême où nous nous débattons que tous
les livres que vous pourrez publier sur la Démocratie.

Il porte un *Ordre*.

Le propagateur de la pensée conservatrice, de la pensée
qui nous protége et qui nous sauve, ce n'est pas votre livre,
— un livre qui restera, dit-on, — c'est ce planton qui passe.

Écoutez-les, du reste, écoutez-les eux-mêmes, si vous ne
m'en croyez pas ; ouvrez leurs journaux : tâchez de surmonter
la répugnance et le dégoût qui s'emparent de vous, en parcourant
ces feuilles qui soulèvent le cœur, où la perversité le dispute à
la démence et à la niaiserie.

Quand vous les voyez, radieux et triomphants, publier un bulletin de victoire, et tâcher de ranimer, par le récit mensonger d'un grand succès, le zèle de leurs complices et l'ardeur de leurs bandes; leur disent-ils : « Réjouissez-vous, Ledru-Rollin a » passé le Rubicon du Socialisme : il a fait acte d'adhésion par » un discours public. Ce tribun puissant, maître de la foule, est » aujourd'hui des nôtres. Réjouissez-vous, nos doctrines se » propagent; nous avons gagné à notre religion, converti à » notre foi de grands esprits jusqu'ici rebelles, des esclaves du » capital; des bourgeois endurcis, des riches persuadés, des » égoïstes convaincus. » Non, ils disent : « Nous avons em- » bauché un brigadier! Nous avons gagné deux sergents!! »

Bien des gens, et des gens qu'on appelle éclairés, libéraux, défenseurs et apôtres d'une sage liberté, vont se récrier, et dire que c'est la tyrannie des armées, le régime oppressif et humiliant du mutisme impérial, le règne absolu de la force, l'odieuse et intolérable oppression de la pensée, que nous invoquons là; qu'il ne nous reste plus alors qu'à courber la tête sous la protection du sabre, à élever des autels à la peur, et à y adorer la *Force Brutale*, sous la forme symbolique d'une cartouche, ou d'un boulet de canon.

Loin de nous une pareille pensée. Car, sans nous arrêter même à examiner si, dans l'alternative de l'oppression, il ne vaudrait pas mieux encore subir celle qui nous vient d'en haut, c'est-à-dire, qui émane du principe d'autorité, que celle qui nous vient d'en bas; si dans la nécessité de tolérer un abus de la force, il ne vaudrait pas mieux subir celle du sabre que celle de la hache, celle du soldat que celle du bourreau; si forcé d'accepter, chapeau bas, des injonctions et des ordres, je n'aime pas mieux me découvrir devant le casque d'un officier, que de-

vant le bonnet rouge d'un Jacobin ; si forcé de souffrir qu'on
me marche sur le pied, je n'aime pas mieux, — frémissant
et désarmé, — supporter l'escarpin d'un traîneur de sabre, que
le sabot d'un montagnard ; — sans m'arrêter à peser tout
cela, je dirai comme vous, aussi haut, et aussi ferme que
vous : « Périsse l'Etat plutôt qu'un principe. — Oui, périsse la
» France plutôt que la liberté ; — périsse l'homme plutôt que
» la pensée. » Mais nous n'en sommes pas là, je pense. Ce
n'est pas la liberté, grâce à Dieu, qui est menacée ; et vous
êtes bien prompts à vous alarmer pour elle, quand votre len-
demain ne vous appartient pas.

J'ajoute que je ne le crains pas ; qu'il n'est pas vrai que la
liberté puisse être en péril, que la civilisation puisse être étouf-
fée par la force, l'idée comprimée, la pensée vaincue. Je dis
que c'est faux, et je ne dis pas assez. Car il y a des choses bien
plus fausses encore, que celles qui ne sont pas vraies. — Ce sont
celles qui sont impossibles.

Du reste, soyez sans crainte ; vous avez pour vous rassurer
l'histoire du Consulat et de l'Empire.

Ne soyez pas trop prompts à vous alarmer pour la liberté,
de peur d'être pris pour l'un de ceux qui sont le plus disposés à
en faire bon marché.

Si vous voulez des noms, pour vous prouver que les plus
humbles, les plus avilis, des adorateurs du sabre et des idolâ-
tres de la force, étaient, à peu de mois de distance, les plus
fougueux, les plus frénétiques sectaires de la liberté, qu'on vou-
drait nous rendre, laissez-moi vous ouvrir trois numéros du
Moniteur universel, — partie officielle, — et je vous en donnerai cent. — Je vous en donnerai mille, si vous les voulez.

J'aime mieux vous dire, et essayer de vous prouver, que le

drapeau abrite toute Liberté, protège toute indépendance, comme il garantit toute sécurité.

III.

La Force, la force que nous invoquons, que nous ne demandons pas, car nous l'avons, ce n'est pas cette force absolue, brutale, sourde et muette que vous craignez. Cette force là, d'ailleurs, est un fait impossible à l'état permanent. Ce ne pourrait être qu'un fait monstrueux, désolant, mais transitoire, qui ne saurait jamais prévaloir contre la force incompressible, contre l'invisible énergie de la pensée; de la pensée juste et vraie, salutaire et immortelle. C'est la compression appliquée à un ressort, et qui ne sert qu'à lui donner plus d'élasticité, plus de vigueur, et plus d'élan.

La Justice et la Vérité, — le droit et la pensée, — d'ailleurs, ont cela d'excellent, que tout ce qu'on fait pour elles, et tout ce qu'on fait contre elles, les sert également.

Mais la Force, la force véritable est double, — complexe, — et se compose de la force morale, qui réside dans le droit des Sociétés, dans les principes qui les régissent; — et de la force matérielle, qui réside dans les Armées.

Malheur aux Sociétés qui, méconnaissant l'une, ou négligeant l'autre, abusent de la Force au mépris du Droit, ou se confient aveuglément au droit qu'elles ont de vivre en paix, sans s'appuyer sur une force qui le protége, et le garantisse. Elles périssent, également vaincues, par l'excès ou par le défaut, pour avoir négligé les conditions de dignité et d'existence d'un grand peuple, ou méconnu la loi providentielle qui régit les Sociétés.

Il y a à Florence, sur la place du Grand-Duc, aux deux côtés de la porte du Palazzo-Vecchio, cet Hôtel-de-Ville de la République Florentine, — où est entrée la démagogie triomphante, le jour même où la Liberté en est sortie, — deux marbres immortels, dont l'un est du divin Michel-Ange.

Tous deux représentent la Force, et semblent placés là, comme un sublime et immortel avertissement; ce sont les deux plus magnifiques et plus frappants exemples, de la distinction que nous venons d'établir.

L'un, qui représente Hercule terrassant Cacus, nous montre la Force matérielle dans toute sa puissance; le front est bas et déprimé, le regard abaissé vers son adversaire terrassé, les muscles tendus et saillants. Dans le vainqueur et le vaincu, l'effort est le même, l'expression pareille, le caractère identique. C'est la Force vaincue, comme la Force triomphante; mais toujours la Force brutale et matérielle.

L'autre, — celui de gauche, — David qui va affronter le géant Philistin dans la vallée du Térébinthe.

Le front est élevé, le regard assuré, l'attitude simple, calme, reposée; c'est la Force, dans sa plus haute, sa plus noble, et sa plus sublime expression; pleine de confiance, de grandeur, de mansuétude, et de sérénité.

La violence, — celle du sabre ou celle de la rue, — la Force brutale, — triomphante ou vaincue, — l'insurrection ou l'oppression, — c'est l'Hercule de Bandinelli.

L'armée, — c'est le David de Michel-Ange;

Aussi, celui qui écrit ces lignes a-t-il vu souvent, sans surprise, des groupes de touristes désœuvrés, ou des voyageurs, *amis des arts,* passer sans s'arrêter, devant ce marbre puissant, ou s'y arrêter pour en rire. Ils restaient frappés d'admiration devant l'Hercule. Le vulgaire prend si volontiers, la violence pour la Force, et la Force pour le courage (1). Mais ils se demandaient, aveugles, et ingrats envers le génie du divin artiste, ce que faisait là ce marbre sans caractère, cette statue insignifiante, ce type grossier, ce paysan vulgaire. C'est qu'en effet, ce pâtre élu n'est pas autre chose; c'était hier un obscur berger, mais un berger suscité pour sauver Israël (2).

L'anarchie victorieuse et oppressive, la violence triomphante, à laquelle succédera bientôt, hélas, la tyrannie du sabre autrichien, passent dix fois par jour devant ces muets mais éloquents et sublimes conseillers, pour entrer au Vieux-Palais, sans y jeter les yeux, sans interroger du regard et de la pensée, ces marbres impérissables qui leur diraient l'avenir.

Il y est écrit, du reste, à l'usage des esprits les plus aveuglés par l'orgueil du triomphe, d'une manière plus significative encore et plus saisissante : car au-dessus de la tête de l'Hercule s'ouvre dans le granit de ces murailles cyclopéennes, une étroite fenêtre aux barreaux de fer. C'est celle où fut pendu, il y a 351

---

(1) Il ne faut pas chercher ailleurs la cause de cette sympathie populai- qui s'attache en France, à toute agression audacieuse et violente, et qui s'éloigne de la répression calme et patiente en raison directe de sa force.

(2) Alors Samuel dit à Isaï : Sont-ce là tous vos enfants ? Isaï lui répondit : Il en reste encore un petit qui garde les brebis. Envoyez-le quérir, dit Samuel, et le Seigneur lui dit : C'est celui-là que j'ai choisi. Et depuis ce temps, l'esprit du Seigneur fut toujours avec David.

Livre des Rois. Chap. XVI.

2

ans, par la foule même qui l'avait nommé, le moine Dominicain Jérôme Savonarola, — chef de la République Florentine. — Le Guerrazzi de 1498 ! !.

Erudimi qui agitatis terram.

IV.

Je dis qu'aujourd'hui, dans les circonstances exceptionnelles, anormales, périlleuses, où se trouve la Société Française, son salut réside dans la Force : et que cette Force réside dans l'Armée.

Je vais dire pourquoi.

Je répète que je ne crois pas plus que vous, à la puissance du sabre, à la conviction par les baïonnettes, à la persuasion de l'obus et du boulet, à la logique des charges de cavalerie. La compression de la pensée est bien plus qu'un fait faux, c'est un fait impossible. Mais si l'armée nous protège, et nous sauve, et doit nous sauver encore, c'est que, je vous l'ai dit, l'armée abrite toute liberté, et protège toute indépendance, comme elle garantit toute sécurité.

C'est comme foyer des plus hautes pensées, des plus généreuses inspirations, que l'armée de la France est destinée à sauver la liberté, comme elle a déjà sauvé l'Ordre.

Mais pour en finir, du reste, avec cette perpétuelle et absurde distinction entre l'Ordre et la Liberté, entre la Liberté et l'Ordre, disons, une fois pour toutes, que nous ne l'avons jamais comprise, et que nous ne l'employons que par habitude.

L'ordre, c'est l'équilibre, c'est la *santé* des nations.

La Liberté, c'en est le *mouvement :* régulier, normal, salutaire, indispensable.

Or, comprend-on plus, — dans le corps social, comme dans le corps humain, — le mouvement sans la santé, que la santé sans le mouvement ?

La Liberté sans l'Ordre, — le mouvement sans la santé, — c'est l'agitation, la fièvre, le délire, la convulsion, et la mort.

La santé sans le mouvement, — l'Ordre sans la Liberté, — c'est l'engourdissement, la léthargie, l'atrophie, la paralysie, et la mort.

L'Ordre sans la Liberté n'existe donc pas, ne peut pas exister. C'est une seule et même chose.

Or, cette chose, cet équilibre, cette santé, cette Force des nations où se trouve-t-elle ? établie, fonctionnant, réglée, concentrée ? dans sa plus haute, sa plus simple, sa plus noble et sa plus complète expression ?

Vous l'avez déjà dit, c'est dans l'armée.

Cette Force matérielle, cette forme extérieure, qui frappe vos regards, et attire votre attention, qu'est-elle autre chose, en effet, que le reflet de la force morale qui réside en elle ?

Les choses visibles ne sont que le reflet des choses invisibles. Ce sont des choses qui ne se voient pas, qui soutiennent ce monde que nous voyons. Ainsi, de l'armée. — Et c'est pour cela, qu'elle découragera tous les efforts, épuisera toutes les violences, résistera à toutes les secousses, survivra à tous les désastres.

- Et d'où lui vient cette force, et à nous cette sécurité. Le voici.

Le plus énergique dissolvant de toute société, comme de toute famille, c'est l'intérêt. — C'est en faisant luire aux yeux des masses égarées et déçues, l'espoir trompeur et ridicule, d'une impossible félicité, qu'on les a lancées dans la carrière des révolutions. C'est encore à l'aide de ce grossier mensonge qu'on pense agir sur la force conservatrice, qui seule, protége encore la France contre le flot grondant, et toujours grossi, des intérêts souffrants et ameutés.

Or, — je vous le dis, — l'obstacle est plus résistant, plus impénétrable que le dissolvant n'est énergique.

La raison en est simple, et je vais vous la donner.

C'est que l'armée est fondée sur la seule base de toute œuvre durable ici-bas, de tout puissant ou sublime effort, — le Sacrifice.

C'est aux idées contemporaines de son origine, et qui se sont traditionnellement perpétuées dans les armées permanentes de l'Occident, que la France a dû d'échapper, depuis un demi-siècle, aux tempêtes qui l'ont assaillie, de tous les points de l'horizon.

Le dissolvant, c'est l'intérêt? — Mais l'intérêt n'a jamais rien sauvé, et il a souvent tout perdu. C'est parce que l'armée, dans son esprit, lui est étrangère, lui est supérieure, que vous pouvez aller en paix, à vos affaires ou à vos plaisirs, et trouver quelques jours de calme, et quelques nuits de repos, sur le bord de l'abîme, qui reste ouvert pour vous engloutir.

Que cette assertion fasse sourire les gens habiles, les esprits forts de la politique, les hommes à idées pratiques, et *entendant les affaires*, je le crois et j'y compte; le Sacrifice ne serait pas complet s'il n'était pas méconnu.

C'est ici, peut-être, le lieu de revenir en arrière, pour parler en passant, d'une cause oubliée, sans doute, inappréciée peut-être, futile en apparence, mais capitale selon nous, de la chute de la dynastie d'Orléans.

Les mots dits de haut ont une valeur qu'ignorent souvent ceux qui les prononcent ; une influence heureuse ou fatale, mortelle ou salutaire, que les circonstances mettent en lumière et que les évènements justifient.

A ce titre, un des mots les plus audacieux, hélas, et les plus expiés, le mot de M. Guizot sur les *jeux de la force et du hasard*, dans un moment où l'armée venait d'attacher au drapeau de la France de nouvelles et glorieuses couronnes ; ce mot désaveu de sa gloire, et oubli de son passé, décélait la pensée de jaloux orgueil qui les a perdus, et devait être un pronostic.

Qu'on nous permette, non comme représailles, non comme réparation, l'armée n'en a pas besoin, mais comme justice, comme équité, de reproduire ici les dernières lignes d'un chapitre, récemment publié par M. Thiers. (1)

« La gloire de l'armée Française pouvait se passer de ces
« pompes frivoles. L'Histoire dira que tout le monde en France,
« de 1789 à 1815, mêla des fautes à ses services : tout le monde
« excepté l'armée, qui, dans nos grandeurs et nos chutes, n'eut
« jamais d'autre part que son héroïsme. Car tandis qu'on égor-
« geait, en 1793, des victimes innocentes, elle défendait le sol ;
« tandis que Napoléon, en 1807 et 1808, violait les règles de la
« prudence, elle se bornait à combattre. Et toujours, sous tous
« les gouvernements, elle ne savait que se dévouer et mourir
« pour l'existence et la grandeur de la patrie. »

Tome 8. *Hist. du Consul. et de l'Empire*, Chap. de Fontainebleau, page 322.

V.

Est-il nécessaire, d'après ce que nous avons dit, d'indiquer l'étroite parenté qui existe entre ces deux religions, sœurs par le sacrifice, de la croix et du drapeau ? entre le prêtre et le soldat, entre la caserne et le couvent, entre le camp et le monastère ?

Cette fraternité par le sacrifice s'exerce tous les jours sous vos yeux, sans attirer votre attention, sans émousser le sarcasme, sans désarmer l'hostilité.

Partout où un désastre fait des victimes, où un incendie amoncelle des ruines, où une inondation étend ses ravages, les premiers arrivés sont le prêtre et le soldat. Et naguère nous l'avons vue encore, cette fraternité qui fait leur force, qui fait votre salut et qui protège votre ingratitude, nous l'avons vue ennoblie par le péril et sanctifiée par le martyre, se résumer dans leurs victimes et se personnifier dans leurs chefs.

Si vous voulez la voir sous un autre aspect, passez, si vous m'en croyez, passez tous les jours, à neuf heures du matin, et à quatre heures de relevée, aux heures de la soupe du soldat, devant l'entrée de ces couvents militaires, de ces camps baraqués, qui ont soulevé tant de colères, et vous y verrez s'exercer dans toute sa touchante naïveté, dans toute sa fraternelle et attendrissante simplicité, la charité la plus ingénue et la plus primitive.

Les monastères du moyen-âge avaient la charge volontaire, rassurante et conservatrice, du soulagement des maux que la misère enfante, dans la circonscription soumise à l'autorité de leur croix abbatiale.

Des distributions quotidiennes d'aliments, de remèdes, de consolations et de secours, réunissaient à la porte de leur cloître, tous les malheureux, tous les malades, tous les pauvres, tous les déshérités de ce monde.

Cet héritage des cloîtres, les casernes l'ont accepté. Cette succession du moine, le soldat l'a revendiquée. Et tous les jours vous verrez ces hommes simples et bons, sortir le sourire sur le front, une gamelle de fer-blanc à la main, et la distribution du moyen-âge continuer deux fois par jour, sans que vous vous en doutiez, sur cent points différents de la ville distraite. Vous verrez les docteurs donner des conseils aux malades, et alléger des douleurs qui échappent à la philanthropie municipale. Vous verrez les cantinières, ces sœurs de charité des camps, se mêler à la foule qui se presse autour de la guérite, donner des soins aux femmes, laver les enfants, et répandre en souriant sur cette foule de déshérités, des secours intelligents et des paroles de consolation.

« Dieu aime ceux qui donnent gaîment, » dit Saint-Paul. Allez-y, allez-y, vous dis-je, et vous entendrez-là des mots inconnus, dont le peuple et le soldat ont seuls la clé, dont la charité seule a le secret. Vous y entendrez, au milieu de leur repas en plein air, égayé souvent par un orgue des rues, vous y entendrez le rire de ces malheureux, provoqué par un lazzi de caserne, destiné à dissimuler l'aumône. Et vous quitterez cette scène égayé, attendri, hésitant entre le rire et les larmes, ou plutôt charmé, soulagé, l'esprit rassuré, le cœur détendu, et le visage épanoui de ce *sourire mouillé* dont parle Homère.

L'un des derniers jours de la semaine, un soldat sortait, sa gamelle à la main, d'un camp baraqué de la Cité. Il cherchait des yeux dans cette foule de pauvres, une infortune qui ne répondait pas à l'appel; et ne trouvant pas là celui qu'il cherchait, il s'achemina vers une rue qui mène à Notre-Dame.

Celui qui écrit ces lignes suivit le soldat.

— Au détour de la rue, il rencontra un enfant de douze ou treize ans qui marchait à l'aide d'une béquille.

« Petit, lui dit-il, je t'avais fait dire de revenir ce matin manger la soupe. »

On ne m'a rien dit, répond l'enfant, mais *j'y allais.*

Sans se douter qu'il renouvelait la fameuse réponse de La Fontaine à madame de La Sablière, qui est illustre depuis cent soixante ans pour en avoir été l'objet.

L'enfant mangea sa soupe, appuyé sur la borne, pendant que le soldat tenait sa béquille et y faisait avec son couteau quelque réparation. La soupe finie, ils se séparèrent. Le soldat descendit, pour laver sa gamelle, à un abreuvoir du quai, puis il rentra au camp, en sifflant un air populaire.

Et vous croyez que les Clubs, les Sociétés secrètes, ces officines de désordre et ces laboratoires de conspirations, trouveront là, le débit de leurs doctrines? que c'est parmi ces hommes simples qu'ils rencontreront des adhérents et recruteront des séïdes? rassurez-vous. Ces hommes ont pour les préserver de ce contact empoisonné, de ce virus impur, les lumières de leur ignorance.

Oh ! qu'une ame humble est éclairée! dit Fénélon. Ces hommes dont la niaiserie vous fait sourire dans des romans populaires, dont la crédulité vous égaie au théâtre, ces hommes, — et voilà ce qui vous sauve, — manquent de l'intelligence, c'est-à-dire de l'orgueil nécessaire à l'acceptation de ces théories niaises et perverses, subversives et ridicules. Ce laboureur que vous ignorez, ce vigneron dont la signification vous échappe, ce berger que vous ne comprenez pas, y serait accessible comme homme, qu'il y serait inaccessible et supérieur comme soldat. Pour peu qu'il ait vécu dans ce milieu salubre et conservateur, de la vie d'ordre, de hiérarchie, d'obéissance et de pauvreté, au régime tonique et fortifiant de la discipline, — fiez-vous au principe, il prévaudra. — Et vous pourrez sans crainte, même au sortir d'une prédication où on lui aura tout promis, demander le sacrifice de sa vie, à cet homme qui n'a pas autre chose à donner.

Mais pour ne pas être trop exclusif, je ne veux pas vous nier la funeste et périlleuse influence des Sociétés secrètes, les effets pernicieux et possibles de cet impur voisinage. Je ne vous contesterai pas même, si vous y tenez, la possibilité de quelques succès d'embauchage, de quelques affiliations, aux degrés inférieurs de la hiérarchie régimentaire.

Eh bien, croyez-moi, et je parle en connaissance de cause, cela même n'est pas à redouter et ne servira, soyez-en certains, qu'à faire ressortir davantage la salutaire et préservatrice influence de cette discipline dont je vous dirai un mot tout-à-l'heure, et dont on parle plus qu'on ne la connaît.

Savez-vous quels seront ceux, s'il y en a, que pourront égarer des prédications insensées, dont l'influence vous effraie! Quels seront ceux qui, renégats de la religion du drapeau, pourront secouer les liens qui les y attachent, pour passer sous le joug oppressif et avilissant d'une obéissance aveugle, et d'un despotisme sans contrôle? Ce seront ceux qu'on appelle *intelligents*. Les rebuts de vos populations urbaines, poussés sous les drapeaux par la justice paternelle, confiés à la tutélaire vigilance de l'autorité militaire, — sorte d'Orthopédie morale, — par l'honneur alarmé des familles: Enfants perdus et dépravés de la civilisation qui les rejette après les avoir corrompus ; malheureux pourvus d'assez d'intelligence pour le mal, d'assez de lumières pour s'égarer ; aventuriers toujours prêts à s'embarquer sur la foi du plus grossier présage, pour cet Eldorado du Socialisme, pour cette Californie abstraite et imaginaire, dont le club est le point de départ, et le conseil de guerre le point d'arrivée.

Mais ces hommes-là ne sont pas à craindre, et il faut bien peu connaître le soldat, pour ignorer à quel point ils lui sont antipathiques. Ces hommes-là, sans influence, eussent-ils même une portion d'autorité, sont obéis, mais ne sont pas écoutés, et ne seraient pas suivis ; ils ne pourront jamais ni agiter une troupe, ni détourner un soldat.

Mais cet homme simple dont l'aspect même vous fait sourire, dont la crédulité proverbiale défraie la verve des lithographes, et sert de texte à tous les lazzis d'antichambre ; enlevé par la loi de recrutement aux travaux des champs, aux occupations de la ferme ou du vignoble, nature inculte et primitive, simple et bonne, généreuse et dévouée, du meilleur et du plus rare des dévoûments, du dévoûment qui s'ignore : nature saine et droite à laquelle s'est adaptée, dès le premier jour, la règle de la discipline sans qu'il eût à en souffrir ; je vous l'ai dit, et vous pouvez m'en croire, la lumière de son ignorance lui suffit à éviter ce piège grossier.

Faut-il vous donner la raison, la raison supérieure de ce fait, qui peut sembler une anomalie ? C'est que l'empire de l'homme sur lui-même, constitue une partie, et la meilleure partie de sa liberté. C'est qu'il y a, même à notre insu, et pour la conservation des sociétés, plus de joies réelles, plus de contentements véritables dans une privation consentie, dans un sacrifice volontaire, que dans les satisfactions sans bornes qu'on pourrait leur promettre. C'est enfin que ces bergers sont destinés à sauver la France, et la sauveront ; soyez-en sûrs.

Ici se présente une objection facile à prévoir, plus facile encore à résoudre.

Pourquoi l'armée si forte, si puissante, si conservatrice, a-t-elle, contrairement à l'esprit que nous lui prêtons, souffert l'avènement de deux révolutions, et l'expulsion de deux monarchies?

Voici pourquoi.

C'est tout simplement, que cela devait être ainsi.

C'est parce que l'armée ne saurait aider que ceux qui s'aident eux-mêmes. Parce que, quelque puissant, quelque fécond que soit le principe dont émane l'esprit qui l'anime, si l'anneau immédiatement supérieur de la chaîne qui les lie vient à faire défaut, la communication est interrompue, et l'action cesse : parce que vous ne comprenez pas plus une action sans principe supérieur, qu'une force sans moteur, qu'un effet sans cause : parce qu'enfin le trouble étant à la tête, les membres cessent d'agir ou agissent confusément.

Les historiens des temps à venir, compulsant les documents, recherchant les dates, pour découvrir la vérité sur deux évènements qui semblent en dehors des prévisions de la prudence humaine, s'efforceront d'expliquer par des causes inconnues ces deux révolutions qui ont dans des circonstances presque identiques, brisé deux trônes et emporté deux dynasties. Ils y consacreront des pages, des chapitres, des volumes peut-être. Le soldat, dans la concision de son langage pittoresque et expressif, l'explique en trois mots qui sont un proverbe de caserne.

Ordre, Contr'ordre, — Désordre.

Mais cette discipline dont on parle tant, et dont vous craignez qu'on leur prêche le mépris, qu'on leur dévoile les abus, savez-vous ce qu'elle exige? Savez-vous ce que prescrit ce bréviaire des camps , qu'on lit et qu'on pratique à toute heure du jour et de la nuit dans ces couvents militaires qu'on appelle des casernes? Toujours *le Sacrifice*, toujours l'abnégation, toujours la protection du faible , le recours de l'opprimé , le soin du malade.

Je l'ouvre au chapitre de la discipline et j'y lis, Chapitre XXXII, art. 265. Fautes contre la discipline.

Sont réputées fautes contre la discipline, et punies comme telles suivant leur gravité,

1° *Primò*. Tout propos injurieux envers *un Inférieur,* toute punition injuste infligée à un *Subordonné*. Ainsi ce n'est pas le supérieur, ce n'est pas l'autorité que protège avant tout la discipline ; c'est l'inférieur, c'est le faible, c'est le déshérité.

Vous le voyez, toujours le même principe.

L'Egalité? Le soldat voit tous les jours, et fait mieux que le voir, il sent qu'elle consiste non à s'égaler aux plus grands (l'égalité selon les clubs), mais à se rapprocher des plus petits. Il le voit encore par cette égalité dans le péril, qui, sous l'étendard unit le riche au pauvre, et qui prouve au pauvre que le riche est mortel, au riche, que le pauvre est utile. Il n'en poursuivra pas une autre.

Vous ai-je assez démontré pourquoi et à quel titre la force réside dans l'armée? En résulte-t-il d'une manière assez claire, assez évidente, assez invincible, que l'armée abrite toute liberté, protège toute indépendance et garantit toute sécurité?

VI.

Le socialisme, avons-nous dit, est la négation de tout principe, de tout frein, de toute règle ; conséquemment, la destruction et l'anéantissement de toute société, de toute civilisation, de tout perfectionnement.

L'armée, — nous craignons de l'avoir démontré jusqu'à la satiété, jusqu'à la fatigue, — est la consécration traditionnelle, par son esprit, et l'appui par la force qui réside en elle, de tout principe, de tout frein, de toute règle ; conséquemment, la confirmation et l'appui de toute société, de toute civilisation, de tout perfectionnement.

Le Socialisme s'adresse à l'intérêt et procède par l'insurrection.

L'Armée vit dans la pauvreté, pratique et maintient l'obéissance.

Le Socialisme prêche aux siens l'égalité dans tous les *droits*.

L'Armée enseigne et pratique l'égalité dans le *devoir*.

Le Socialisme extravasé sur l'Europe, s'étend jusqu'à l'Asie, par la Pologne et la Russie.

Il l'agite, il l'ébranle, la ruine, l'épuise, et l'aurait déjà amenée à merci, sans l'action énergique, patiente et efficace des armées de l'Occident, dont le concours sera peut-être nécessaire pour la sauver.

Nous n'avons pas besoin de cette leçon pour arriver à la conséquence logique du principe que nous avons posé, et pour faire sentir l'importance qui s'attache à toute mesure dont l'armée est l'objet

Le salut de la France et de la civilisation sont à ce prix.

En faut-il une preuve?

Qui doute que les arts, apportés de Grèce en Italie, en disparaissent avec tous les chefs-d'œuvre qu'ils ont enfantés, si l'agitation socialiste s'y prolonge quelques mois encore. La guerre sociale fondra les richesses artistiques de Rome, les magnificences de Florence, les merveilles de Gênes, de Parme et de Venise; ces marbres immortels, ces bronzes, ces toiles sans prix, qui font, depuis tant de siècles, l'admiration du monde et la gloire de l'Italie. Et le dernier navire anglais qui parti de Liverpool, y aura apporté des munitions frelatées et des armes inutiles, en remportera en échange la Vénus de Cléomène et l'Apollon du Vatican.

Les artistes qui, au onzième siècle, quittaient la Grèce avilie et dégénérée, pour l'Italie renaissante et rajeunie, venus de l'île de Candie, en 1049, y auront allumé un flambeau dont la lumière aura brillé huit siècles, an pour an, sur l'Europe et sur le monde, pour que l'Italie envahie par le Socialisme, écartelée par l'anarchie, soit livrée, après tant de splendeurs, épuisée, avilie et sanglante, à toutes les rigueurs de la victoire, à tous les opprobres de la défaite, à toutes les hontes du partage.

C'est que l'Italie, hélas! n'a pas d'armée, pas de traditions, pas d'esprit, pas d'institutions militaires à opposer aux deux invasions successives du Socialisme et de l'étranger.

C'est donc ici le nœud de la question. C'est donc en donnant à l'armée, c'est-à-dire à l'Ordre et à la Liberté, dont elle est le dépositaire et l'exemple, force, autorité, durée, appui, que les Assemblées émanées du suffrage universel, conserveront à la France, ses arts, ses lettres, ses sciences, son industrie. Toutes ses gloires, tous ses trésors.

VII.

Hostile à l'armée comme elle est hostile à la magistrature, à l'expérience, à la tradition, l'Assemblée actuelle aura fini comme elle a commencé. Car les paroles de M. Martin (de la Drôme), sur l'esprit de l'Armée, à la séance d'hier, nous rappelaient que les premières paroles descendues de la tribune de l'Assemblée, étaient des injures et des calomnies à l'adresse des soldats de la garnison de Rouen.

Sortie des élections qui vont s'ouvrir, et dont nous ne saurions prévoir le résultat, l'Assemblée nouvelle aura, qu'on ne se le dissimule pas, de plus dures épreuves à subir, de plus périlleuses journées à traverser, que celle qui l'aura précédée. En un mot, la crise est devant nous, et non derrière.

Si la crise de Juin, crise terrible, mais non dernière, sanglante, mais non décisive, s'est terminée en faveur de l'ordre établi, résumé dans l'Assemblée nationale, je ne sais si on s'en est rendu compte, mais en voici surtout la raison : c'est que la presque totalité des officiers-généraux qui commandaient les troupes, joignaient à ce titre, celui de représentant. Les généraux Cavaignac, Négrier, Lamoricière, Bedeau, Lafontaine, Lebreton, Duvivier, réunissaient à l'autorité du commandement la force morale qui résultait de leur présence à l'Assemblée.

Or, la loi électorale, sous l'empire de laquelle les nouvelles élections vont s'ouvrir, diminuera de beaucoup, nous le craignons, le nombre des officiers-généraux à l'Assemblée nationale. A plus forte raison, le nombre des officiers de tout grade pour lesquels trois années passées hors cadre, seraient une perte de temps irréparable, dans une carrière au moins à moitié parcourue.

C'est-là un malheur que rien ne saurait réparer. Car indépendamment du succès des armes, succès, hélas! payé si cher, les représentants militaires à l'Assemblée ont rendu à la France un service qui, pour être moins visible, moins éclatant que celui-là, n'en est ni moins important, ni moins réel. Nous voulons parler de la suppression de ces troupes parasites, sortes de champignons nés d'une nuit d'orage, qui venaient se greffer sur le trône séculaire et vigoureux de notre organisation militaire.

C'était-là, qu'on ne s'y trompe point, le premier pas sur une pente fatale qui nous menait droit à l'abîme. C'était la négation constituée en face de l'affirmation. Et c'est cet antagonisme funeste qu'on proposait d'élever par la consécration de la loi, au rang d'une alliance impossible et mortelle.

Mais à combien de dangers semblables l'armée n'aura-t-elle pas à échapper encore, pour continuer et accomplir son rôle conservateur, tutélaire et méconnu ?

C'est au suffrage universel, cette source vive de toute autorité aujourd'hui, c'est-à-dire de toute force et de toute liberté, qu'il faut demander de retremper par l'élection et de consolider par ses choix, le principe protecteur dont le salut dépend.

Les élections qui vont s'ouvrir contiennent donc réellement et en vérité, l'avenir de la société Française et le salut de la Patrie. — Non pas seulement le plus ou moins de prospérité, le plus ou moins d'ordre, de liberté, de richesse et de sécurité, — questions secondaires aujourd'hui, malgré leur immense importance, mais littéralement et sans métaphores, — *La Vie* ou *La Mort*, comme nous l'avons dit en commençant.

C'est donc là, comme cause première, et non dans l'armée, qu'est le péril.

Novice aux choses électorales, nous ne hasarderons à cet égard que des appréciations; mais il nous semble qu'il résulte des notions du plus simple bon sens que l'éducation politique faite à la France et qui aurait suffi aux nécessités des élections censitaires, serait aujourd'hui en complet désaccord avec les impérieuses exigences et les orages probables et menaçants de l'avenir.

Les qualités du marinier destiné à naviguer sur des rivières sans périls et sans écueils, sur des fleuves au cours paisible, sont insuffisantes, sinon même nuisibles, au matelot aventureux réservé aux tempêtes de l'océan, aux bourrasques et aux ouragans de la grande mer.

Ce n'est pas l'exactitude et la précision du maçon qui répare votre habitation, que vous demandez au hardi pompier qui la dispute à l'incendie. — Il y faut le sang-froid, l'intrépidité, et par dessus tout l'oubli de lui-même et le dévoûment.

Faut-il attribuer à ce dévoûment que nous ne saurions trop louer, ou à un entraînement fébrile d'ambitions subalternes et inoccupées, l'innombrable quantité de candidats qu'on annonce dans tous les départements de la France républicaine? Nous l'attribuons, nous, à ces deux causes réunies. Mais il y a, croyons-nous, un signe infaillible et certain qui doit servir à discerner dans cette foule pressée et nombreuse, le sacrifice de l'ambition, le dévoûment de l'intérêt.

Ce signe infaillible à notre avis, — c'est l'*Empressement* — que nous avons toujours vu se manifester en raison inverse du dévoûment, — L'abnégation n'est pas bruyante.

Il nous semble injurieux pour la France d'admettre, même sous forme dubitative, et comme simple hypothèse, que chacun de ses quatre-vingt-six départements ne produise pas, en moyénne, *huit* hommes désintéressés, courageux, éclairés, pleins d'énergie et de dévoûment, de fermeté et d'abnégation.

De tels hommes, désignés à l'avance au choix de leurs concitoyens, ne doivent rien avoir à apprendre à personne, et descendent peu volontiers aux démarches empressées et bruyantes des élections contestées. — Il nous semble, quant à nous, que dans la crise suprême et solennelle des élections qui vont s'ouvrir, entre un passé plein de ruines et un avenir plein d'épouvante, nous aurions confiance, et confiance sans bornes, dans l'homme qui, désigné par une notoriété honorable, à des choix qu'il ne rechercherait pas, dirait à ses concitoyens : —
» Dans le péril de la patrie, il ne suffit pas d'être le partisan
» de l'Ordre. Il ne suffit pas d'être l'ami de la Liberté. Il ne
» suffit pas même d'en être l'apôtre convaincu, zélé, fervent.
» — Il en faut être le soldat, — ferme, inébranlable, cou-
» rageux, dévoué, — dévoué jusqu'à la mort.

» Je suis ce soldat.

» Ne me demandez ni circulaire, ni profession de foi, ni décla-
» rations de principes, précédents sans valeur du serment poli-
» tique qu'on a bien fait d'abolir, et qui n'a jamais arrêté une
» apostasie ni empêché une trahison. La loyauté les rend inuti-
» les, la bassesse les viole, ou les oublie.

» Ne me demandez pas si je suis de tel parti, de telle opinion,
» de telle école, de telle réunion politique.

» Ne me demandez pas si je suis plus pour l'Ordre que pour la
» Liberté, ou plus pour la Liberté que pour l'Ordre: Si je suis
» pour l'exploitation par l'état, ou pour l'exploitation par les
» compagnies: pour le libre échange ou pour la prohibition.

» Riches, ne me demandez pas si je suis votre homme.

» Je vous dirais que non.

» Pauvres, ne me demandez pas si je suis le vôtre.

» Je vous répondrais que non.

» La raison c'est que je suis, c'est que je veux être, c'est que
» je dois être à la Patrie, dont la ruine entraînerait la ruine de
» tous, dont le salut contient tous les autres.

» Matelot à bord d'un navire assailli par la tempête, ce n'est
» ni des voyageurs effrayés, ni des femmes tremblantes dans
» l'entre-pont, ni des passagers pleins d'épouvante, ni de leurs
» richesses embarquées, que je prendrai souci, mais de ce vais-
» seau de l'Etat, magnifique et séculaire que la mer menace et
» que l'ouragan fait craquer.

» Appelé comme tous, par la cloche d'alarmes et le tocsin des
» circonstances, au secours de l'édifice que menace l'incendie,
» et que la flamme environne, ce n'est ni des trésors du rez-de-
» chaussée, ni des magnificences du premier étage, ni même
» des misères de la mansarde, que je dois me souvenir. Mais
» de ce majestueux et antique monument qu'on appelle la Société
» Française, qu'il faut sauver à tout prix et qui nous ensevelirait
» tous sous ses ruines.

» Si c'est un avantage qu'on recherche, je n'y prétends point.

» Si c'est un honneur que vous décernez, je n'y ai aucun
» droit.

» Si c'est une faveur qu'on sollicite, je ne suis point l'homme
» qu'il faut pour cela.

» Mais si c'est une charge, si c'est une ruine, si c'est un péril,
» je l'accepte. »

» Si c'est un sacrifice, fût-ce la vie, j'y suis prêt. »

Mais si nous recherchons dans les catégories politiques, des classifications effacées et confondues ; si nous allons redemander aux élections monarchiques, leurs divisions oubliées et leurs colères éteintes, leurs antipathies et leurs préférences ; si des sympathies locales, ou des inimitiés de canton, dominent les considérations de salut public et paralysent les volontés, un historien de la révolution nouvelle nous dit ce qui doit arriver.

« Il n'y a plus aujourd'hui que deux camps en présence. » L'ordre social actuel, et l'ordre social nouveau. La propriété » et le Socialisme. Entre ces deux termes, toute barrière disparaît, toute individualité s'efface. Le temps va venir où la » question devra être posée et résolue. Ce temps approche et » nous marchons vers une révolution sociale qui nous engloutira » tous.

» Ceux qui s'avancent, sont serrés et nombreux, formidables » et inexorables. Qui nous préservera du cataclysme dont les « effroyables journées de juin ne sont que le premier coup de » tempête?

» Qui? l'Armée. »

Quant à ceux, s'il en est, qui, dans les circonstances les plus graves où se soit jamais trouvée la France, aveuglés sur le péril par la cupidité, ou poussés à le braver par l'impérieux aiguillon du besoin, se feraient dans leur espoir, de cette mission si haute, une occupation paisible et retribuée, je n'en dirai rien ; car si ce n'est pas de la démence, je ne connais pas dans la langue française d'expression qui leur convienne. Je ne sais qu'une seule comparaison qui leur soit applicable, c'est celle de ces trafiquants Juifs ou Lombards qui suivaient les armées du moyen-âge. Race avilie, ambulante et famélique. Malheureux qui vivaient de la guerre, qui en mouraient quelquefois, mais qui ne la faisaient jamais.

Que Dieu sauve la France et protège son armée !

www.ingramcontent.com/pod-product-compliance
Lightning Source LLC
Chambersburg PA
CBHW060756280326
41934CB00010B/2502